大方廣佛華嚴經 寫經

44

🪷 일러두기

1. 『사경본 한글역 대방광불화엄경』은 『독송본 한문·한글역 대방광불화엄경』에 수록된 한글역을 사경하는 데 편의를 도모하기 위해 편집을 달리하여 간행한 것이다.

2. 『독송본 한문·한글역 대방광불화엄경』은 실차난타가 한역(695~699)한 80권 『대방광불화엄경』의 한문 원문과 한글역을 함께 수록한 것이다. 한문 저본은 고종 2년(1865) 월정사에서 인경한 고려대장경 『대방광불화엄경』이다.

3. 한글 번역은 동국역경원에서 발간한 한글 『대방광불화엄경』(운허)을 중심으로 하고 『신화엄경합론』(탄허)과 『대방광불화엄경 강설』(여천무비) 그리고 최근의 여타 번역본 등을 참조하였다.

4. 한글 번역은 독송과 사경을 위하여 정확성과 아울러 가독성을 고려하였다. 극존칭은 부처님과 불경계에 대해서만 사용하였다.

5. 사경본의 차례는 일러두기 → 한글역 본문 → 화엄경 목차 → 간행사이며 80권 『대방광불화엄경』의 권별 목차 순으로 독송본과 함께 간행한다. (법공양판에는 간행사 다음에 간행불사 동참자를 밝혀 두었다.)

사경본 한글역

대방광불화엄경 제44권

수미해주

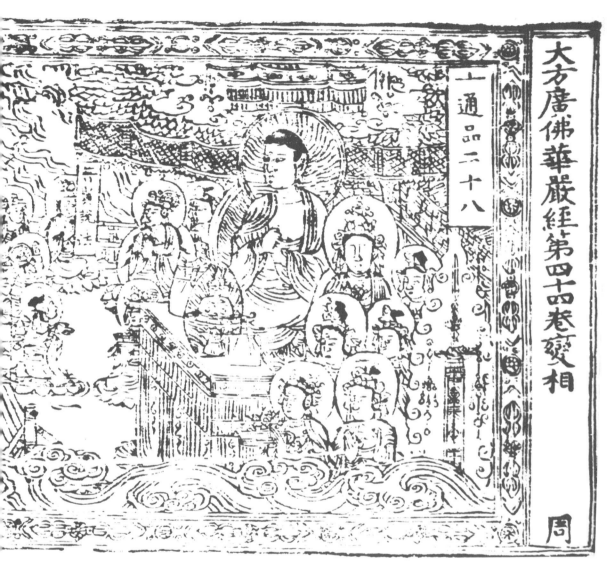

大方廣佛華嚴經第四十四卷變相

十通品二十八

周

대방광불화엄경 제44권 변상도

대방광불화엄경
제44권

28. 십통품

＿＿＿＿＿＿＿＿ 은(는)『대방광불화엄경』을
사경하는 인연공덕으로
『화엄경』이 널리 유통되고
우리 모두 다함께 보리 이루기를 발원하옵니다.

대방광불화엄경
제44권

28. 십통품

그때에 보현 보살마하살이 모든 보살들에게 말씀하였다.

"불자들이여, 보살마하살에게 열 가지 신통이 있다. 무엇이 열인가?

불자들이여, 보살마하살이 다른 이의 마음을 아는 지혜 신통으로써

한 삼천대천세계 중생들의 마음이 차별함을 안다.

이른바 착한 마음과, 착하지 않은 마음과, 넓은 마음과, 좁은 마음과, 큰 마음과, 작은 마음과, 생사를 따르는 마음과, 생사를 등지는 마음과, 성문의 마음과, 독각의 마음과, 보살의 마음과, 성문의 수행하는 마음과, 독각의 수행하는 마음과, 보살의 수행하는 마음이다.

천신의 마음과, 용의 마음과, 야차의 마음과, 건달바의 마음과, 아수라의 마음과, 가루라의 마음과, 긴나라의 마음과, 마후라가의 마음과, 사람의 마음과, 사람 아닌 이의 마음과, 지옥의 마음과, 축생의 마음과, 염마왕 처소의 마음과, 아귀의 마음과, 모든 어려운 곳의 중생들의 마음이다.

이와 같은 등의 한량없이 차별한 갖가지 중생들의 마음을 다 분별하여 안다.

한 세계와 같이 이와 같은 백 세계

와 천 세계와 백천 세계와 백천억 나
유타 세계와 내지 말할 수 없이 말할
수 없는 부처님 세계 미진수의 세계
가운데 있는 바 중생들의 마음을 다
분별하여 안다.

이 이름이 보살마하살의 첫째 '다
른 이의 마음을 잘 아는 지혜 신통'
이다.

불자들이여, 보살마하살이 걸림 없
이 청정한 천안 지혜의 신통으로써

한량없고 말할 수 없이 말할 수 없는 부처님 세계 미진수의 세계 가운데 중생들이 여기서 죽어 저기서 태어나는 것과, 좋은 길과 나쁜 길과, 복 받는 모양과 죄 받는 모양과, 혹은 아름답고 혹은 추하고, 혹은 더럽고 혹은 깨끗한, 이와 같은 품류의 한량없는 중생들을 본다.

이른바 천신의 무리와, 용의 무리와, 야차의 무리와, 건달바의 무리와, 아수라의 무리와, 가루라의 무리와, 긴나라의 무리와, 마후라가의 무리와, 사람의 무리와, 사람 아닌 이의 무리와, 몸이 미세한 중생의 무리와, 몸이 큰 중생의 무리와, 작은 무리와, 큰 무리이다.

이와 같은 갖가지 중생의 무리들을 걸림 없는 눈으로 모두 다 분명히 보되 쌓은 바 업을 따르며, 받는 바 괴로움과 즐거움을 따르며, 마음을 따르며, 분별을 따르며, 소견을 따르며, 언설을 따르며, 원인을 따르며, 업을 따르며, 반연하는 바를 따르며,

일어나는 바를 따라서, 모두 다 보아 잘못이 없다.

이 이름이 보살마하살의 둘째 '걸림 없는 천안의 지혜 신통'이다.

불자들이여, 보살마하살이 지난 세상에 살던 일을 다 기억하는 지혜 신통으로써, 자신과 그리고 말할 수 없이 말할 수 없는 부처님 세계 미진 수의 세계 가운데 일체 중생의 과거 말할 수 없이 말할 수 없는 부처님 세계 미진수의 겁 동안 살았던 일을 능히 안다.

이른바 어느 곳에 태어나서 이와 같은 이름과, 이와 같은 성씨와, 이와 같은 종족과, 이와 같은 음식과, 이와 같은 고락과, 비롯함이 없는 옛적으로부터 모든 존재 가운데서 인과 연으로 점점 더 자라나며 차례로 계속해서 윤회하여 끊이지 않는 갖가지 품류와, 갖가지 국토와, 갖가지 갈래에 태어남과, 갖가지 형상과, 갖가지 업행과, 갖가지 번뇌와, 갖가지 마음과, 갖가지 인연과, 태어나는 차별한 것, 이와 같은 등의 일을 모두 다 분명하게 안다.

또 과거의 그러한 부처님 세계 미진수의 겁에 그러한 부처님 세계 미진수의 세계 가운데 계셨던 그러한 부처님 세계 미진수의 모든 부처님을 기억한다. 낱낱 부처님의 이와 같은 명호와, 이와 같은 출현과, 이와 같은 대중모임과, 이와 같은 부모와, 이와 같은 시자와, 이와 같은 성문

과, 이와 같은 가장 수승한 두 큰 제
자들과, 이와 같은 성읍에서 이와 같
이 출가하심과, 또 이와 같이 보리
수 아래에서 가장 바른 깨달음을 이
루심과, 이와 같은 곳에서 이와 같은
자리에 앉아서 이와 같은 약간의 경
전을 연설하여 이와 같이 그러한 중
생들을 이익하게 하심과, 그러한 시
간의 수명에 머물러 이와 같은 약간
의 불사를 하심과, 남은 의지함이
없는 반열반의 경계에 의지하여 열
반에 드심과, 열반에 드신 뒤에 법이

얼마 동안 머무른, 이와 같은 일체를 모두 능히 기억한다.

또 말할 수 없이 말할 수 없는 부처님 세계 미진수의 모든 부처님 명호를 기억하며, 낱낱 명호에 말할 수 없이 말할 수 없는 부처님 세계 미진수의 부처님이 계시어, 처음 발심함으로부터 원을 세우고 수행하며, 모든 부처님께 공양올리고 중생을 조복하며, 대중모임에서 법을 설하심과, 수명이 길고 짧음과, 신통 변화와, 내지 남음이 없는 열반에 드심과, 열반하신 뒤에 법이 얼마 동안 머무름과, 탑묘를 조립하고 갖가지로 장엄하여 모든 중생들로 하여금 선근을 심게 함을 모두 다 능히 안다.

이 이름이 보살마하살의 셋째 '과거제 겁에 머물러 살던 것을 아는 지혜 신통'이다.

불자들이여, 보살마하살이 미래제의 겁이 다하도록 아는 지혜 신통으로써, 말할 수 없이 말할 수 없는 부처님 세계 미진수의 세계에 있는 바 겁에, 낱낱 겁 가운데 있는 바 중생들이 목숨을 마치고 다시 태어남에 모든 존재가 계속하는 업행과 과보의 혹 착함과 혹 착하지 못함과 혹 벗어남과 혹 벗어나지 못함을 안다.

결정되고 결정되지 못함과, 삿된 삼매와 바른 삼매와, 선근이 번뇌와 함께 함과 선근이 번뇌와 함께 하지 않음과, 선근을 구족함과 선근을 구족하지 못함과, 선근을 거두어 가짐과 선근을 거두어 가지지 못함과, 선근을 쌓아 모음과 선근을 쌓아 모으지 못함과, 죄를 쌓아 모으는 법과 죄를 쌓아 모으지 않는 법의, 이와 같은 일체를 다 능히 분명하게 안다.

또 말할 수 없이 말할 수 없는 부처님 세계 미진수의 세계에 미래제가 다하도록 말할 수 없이 말할 수 없는 부처님 세계 미진수의 겁이 있는데, 낱낱 겁에 말할 수 없이 말할 수 없는 부처님 세계 미진수의 모든 부처님 명호가 있으며, 낱낱 명호에 말할

수 없이 말할 수 없는 부처님 세계
미진수의 모든 부처님 여래가 계시
며, 낱낱 여래께서 처음 발심함으로
부터 원을 세우고 행을 닦으심을 안
다.

모든 부처님께 공양올림과, 중생을
교화함과, 대중모임에서 법을 설함
과, 수명이 길고 짧음과, 신통 변화
와, 내지 남음이 없는 열반에 들며
열반하신 뒤에 법이 얼마 동안 머무
름과, 탑묘를 조립하고 갖가지로 장
엄하여 모든 중생들로 하여금 선근

을 심게 하는, 이와 같은 등의 일을 모두 능히 분명하게 안다.

이 이름이 보살마하살의 넷째 '미래제의 겁이 다하도록 아는 지혜 신통'이다.

불자들이여, 보살마하살이 걸림 없이 청정한 천이를 성취하여 원만하고 광대하며 밝게 사무쳐 듣고 장애를 여의며, 분명히 통달하여 걸림이 없으며, 구족하게 성취하여 모든 일체 있는 바 음성을 듣기도 하고 듣지 않기도 하는 데 뜻대로 자재하다.

불자들이여, 동방에 말할 수 없이 말할 수 없는 부처님 세계 미진수의 부처님께서 계시는데, 이 모든 부처님께서 설하고 보이신 바와, 열고 연설하신 바와, 안립하고 교화하신 바와, 조복하고 기억하신 바와, 분별하신 바인, 매우 깊고 광대하고 갖가지 차별한 한량없는 방편과, 한량없는 교묘하고 청정한 법인, 저 일체를 모두 능히 받아 지닌다.

또 그 가운데서 뜻이나 글을, 한 사람이거나 모인 대중들에게 그 음성과 같이 하며, 그 지혜와 같이 하며, 밝게 통달한 바와 같이 하며, 나타내 보인 바와 같이 하며, 조복한 바와 같이 하며, 그 경계와 같이 하며, 그 의지하는 바와 같이 하며, 그 벗어나는 길과 같이 한다.

저 일체를 모두 능히 기억하여 지녀서, 잊지 않고 잃지 않으며, 끊지 않고 물러나지 않으며, 미혹하지 않아서 다른 이를 위해 연설하여 깨달

음을 얻어서 마침내 한 글자 한 구절
도 잊지 않게 한다.

동방에서와 같이 남방과 서방과 북
방과 네 간방과 상방과 하방에서도
또한 다시 그러하다.

이 이름이 보살마하살의 다섯째
'걸림 없이 청정한 천이의 지혜 신
통' 이다.

불자들이여, 보살마하살이 자체
성품이 없는 신통과, 지음이 없는 신

통과, 평등한 신통과, 광대한 신통과, 한량없는 신통과, 의지함이 없는 신통과, 기억하는 신통과, 일어나는 신통과, 일어나지 않는 신통과, 물러나지 않는 신통과, 끊어지지 않는 신통과, 깨뜨리지 못하는 신통과, 늘어나는 신통과, 뜻 따라 나아가는 신통에 머무르면, 이 보살은 지극히 먼 일체 세계에 있는 모든 부처님 명호들도 듣는다.

이른바 수없는 세계와 한량없는 세계와 내지 말할 수 없이 말할 수 없는 부처님 세계 미진수의 세계에 있는 모든 부처님 명호들이다. 그 명호들을 듣고는 곧 몸이 그 부처님 처소에 있음을 스스로 본다.

그 모든 세계가 혹은 잦혀져 있고 혹은 엎어져 있는, 각각의 형상과 각각의 방소와 각각의 차별한 것이 가없고 걸림이 없으며, 갖가지 국토와 갖가지 시간과 겁 동안 한량없는 공덕으로 각각 다르게 장엄하였다.

여러 여래께서 그 가운데 출현하시

어 신통 변화를 나타내 보이시고, 명호를 일컬어 드날리는 것이 한량없고 수없어서 각각 같지 아니하다.

이 보살이 그 모든 여래의 명호를 한 번 듣고는 본래 자리에서 움직이지 아니하고 그 몸이 그 부처님 처소에 있어서 예배하고 존중하며 받들어 섬기고 공양올림을 보며, 보살의 법을 묻고 부처님의 지혜에 들어가며, 모든 부처님 국토와 도량에 모인 대중과 그리고 설하시는 법을 모두 능히 밝게 통달하고 구경에 이르러 집착하는 바가 없다.

　이와 같이 말할 수 없이 말할 수 없는 부처님 세계 미진수의 겁을 지나도록 시방에 널리 이르러도 가는 바가 없다. 그러나 세계에 나아가서 부처님을 뵙고 법을 듣고 도를 청함이 끊어짐이 없으며, 폐하여 버림도 없으며, 휴식함도 없으며, 피로해하거나 싫어함이 없어서 보살의 행을 닦고 큰 서원을 성취하되 모두 구족케 하여 일찍이 물러남이 없었으니, 여래의 광대한 종성이 끊어지지 않게 하기 위한 까닭이다.

이 이름이 보살마하살의 여섯째 '자체 성품이 없고 동작이 없음에 머물러 일체 부처님 세계에 가는 지혜 신통'이다.

불자들이여, 보살마하살이 일체 중생의 말을 잘 분별하는 지혜 신통으로써 말할 수 없이 말할 수 없는 부처님 세계 미진수의 세계 가운데 중생들의 갖가지 말을 안다.

이른바 성인의 말과 성인 아닌 이의 말과 천신의 말과 용의 말과 야차의 말과 건달바·아수라·가루라·긴나라·마후라가·사람·사람 아닌 이와 내지 말할 수 없이 말할 수 없는 중생들의 있는 바 말로 각각 나타내 보여 갖가지 차별한, 이와 같은 일체를 모두 능히 밝게 안다.

이 보살이 들어가는 바 세계를 따라 그 가운데 일체 중생의 있는 바 성품과 욕망을 능히 알며, 그 성품과 욕망과 같이 말을 내어 모두 밝게 알아 의혹이 없게 한다.

　마치 햇빛이 나타나서 온갖 색을 널리 비추어 눈이 있는 자는 모두 밝게 보게 하듯이, 보살마하살도 또한 다시 이와 같아서, 일체 말을 잘 분별하는 지혜로써 일체 말의 구름에 깊이 들어가 있는 바 말을 모든 세간의 총명하고 슬기로운 자로 하여금 다 밝게 알게 한다.

　이 이름이 보살마하살의 일곱째 '일체 말을 잘 분별하는 지혜 신통' 이다.

불자들이여, 보살마하살이 한량없는 아승지 색신의 장엄을 내는 지혜 신통으로써 일체 법이 색상을 멀리 여읨과 차별한 모양이 없음과 갖가지 모양이 없음과 한량없는 모양이 없음과 분별하는 모양이 없음과 푸르고 누르고 붉고 흰 모양이 없음을 안다.

보살이 이와 같이 법계에 들어가서 능히 그 몸을 나타내어 갖가지 색을 짓는다.

이른바 가없는 색과, 한량없는 색과, 청정한 색과, 장엄한 색과, 널리 두루한 색과, 견줄 수 없는 색과, 널리 비추는 색과, 더욱 좋은 색과, 어김이 없는 색과, 모든 모양을 갖춘 색과, 온갖 악함을 여읜 색과, 큰 위력의 색과, 존중할 만한 색과, 끝까지 다함이 없는 색과, 온갖 것이 섞인 미묘한 색이다.

지극히 단엄한 색과, 헤아릴 수 없는 색과, 잘 수호하는 색과, 능히 성숙케 하는 색과, 교화하는 자를 따르는 색과, 장애가 없는 색과, 매우 밝게 사무치는 색과, 더러움이 없는 색과, 지극히 맑고 깨끗한 색과, 크게 날쌔고 튼튼한 색과, 부사의한 방편의 색과, 깨뜨릴 수 없는 색과, 티를 여읜 색과, 막히어 어둠이 없는 색과, 잘 편안히 머무르는 색이다.

미묘하게 장엄한 색과, 모든 형상이 단엄한 색과, 갖가지로 잘생긴 색과, 크게 존귀한 색과, 묘한 경계의 색과, 잘 갈고 닦아 맑은 색과, 청정하고 깊은 마음의 색과, 찬란하게 밝은 색과, 가장 수승하고 광대한 색과, 끊어짐이 없는 색과, 의지하는 바가 없는 색과, 비등함이 없는 색과, 말할 수 없는 부처님 세계에 가득한 색과, 더욱 늘어나는 색과, 견고하게 거두어 주는 색이다.

가장 수승한 공덕의 색과, 모든 마음에 즐겨함을 따르는 색과, 청정하고 밝게 아는 색과, 온갖 미묘한 것을 모은 색과, 선교로 결정한 색과, 장애가 없는 색과, 허공처럼 밝고 깨끗한 색과, 청정하여 즐길 만한 색과, 모든 티끌을 여읜 색과, 헤아릴 수 없는 색과, 미묘하게 보는 색과, 널리 보는 색과, 때를 따라 나타내 보이는 색과, 적정한 색과, 탐욕을 여읜 색이다.

진실한 복밭의 색과, 능히 안온하게 하는 색과, 모든 두려움을 여의는 색과, 어리석은 행을 여의는 색과, 지혜가 용맹한 색과, 몸 형상이 걸림 없는 색과, 널리 두루 다니는 색과, 마음이 의지한 바 없는 색과, 대자로 일으킨 바 색과, 대비로 나타낸 바 색

과, 평등하게 벗어난 색과, 복덕을
구족한 색과, 마음 따라 기억하는 색
과, 가없이 미묘한 보배의 색과, 보배
창고의 광명 색이다.

중생들이 믿고 즐겨하는 색과, 일
체 지혜가 앞에 나타나는 색과, 환희
로운 눈의 색과, 온갖 보배로 장엄한
제일가는 색과, 처소가 없는 색과,
자재하게 나타내 보이는 색과, 갖가
지 신통의 색과, 여래의 가문에 태
어나는 색과, 모든 비유를 초월한 색
과, 법계에 두루한 색과, 여럿이 모두

나아가는 색과, 갖가지 색과, 성취하는 색과, 벗어나는 색과, 교화할 자를 따르는 위의의 색이다.

보기에 만족해 싫어함이 없는 색과, 갖가지 밝고 깨끗한 색과, 능히 수없는 광명그물을 놓는 색과, 말할 수 없는 광명이 갖가지로 차별한 색과, 사의할 수 없는 향 광명이 삼계를 뛰어넘는 색과, 헤아릴 수 없는 햇빛이 밝게 비치는 색과, 견줄 데 없는 달의 몸을 나타내 보이는 색과, 한량없고 사랑스러운 꽃구름 색과,

갖가지 연꽃 화만구름을 내어 장엄하는 색과, 일체 세간을 뛰어넘는 향불꽃이 널리 퍼지는 색이다.

일체 여래장을 출생하는 색과, 말할 수 없는 음성으로 일체 법을 열어 보이고 연설하는 색과, 일체 보현행을 구족하는 색이다.

불자들이여, 보살마하살이 이와 같은 색이 없는 법계에 깊이 들어가 이러한 갖가지 색신을 능히 나타내어, 교화 받을 자로 하여금 보게 하고, 교화 받을 자로 하여금 생각하게 하고, 교화 받을 자를 위하여 법륜을 굴리고, 교화 받을 자의 때를 따르며, 교화 받을 자의 형상을 따른다.

교화 받을 자로 하여금 친근케 하며, 교화 받을 자를 깨닫게 하며, 교화 받을 자를 위하여 갖가지 신통을 일으키고, 교화 받을 자를 위하여 갖가지 자재함을 나타내며, 교화 받을 자를 위하여 갖가지 능한 일을 베푼다.

이 이름이 보살마하살이 일체 중생을 제도하기 위한 까닭으로 부지런히 닦아 성취하는 여덟째 '수없는 색신의 지혜 신통'이다.

불자들이여, 보살마하살이 일체 법의 지혜 신통으로써 일체 법이 이름도 없고, 종성도 없으며, 음도 없고 감도 없으며, 다름도 아니고 다르지 않음도 아니며, 갖가지도 아니고 갖가지 아닌 것도 아니며, 둘도 아니고 둘 아닌 것도 아니며, '나'도 없고 견줄 것도 없으며, 나지도 않고 없어지지도 않으며, 흔들리지도 않고 무너지지도 않으며, 진실함도 없고 허망함도 없으며, 한 모양이고 모양 없음이며, 없는 것도 아니고 있는 것도 아니며, 법도 아니고 법 아님도 아니며, 세속을 따름도 아니고 세속을 따르지 않음도 아니며, 업도 아니고 업 아님도 아니며, 과보도 아니고 과보 아님도 아니며, 유위도 아니고 무위도 아니며, 제일의도 아니고 제일의

아님도 아니며, 길도 아니고 길 아님
도 아니며, 벗어남도 아니고 벗어나
지 않음도 아니며, 한량있는 것도 아
니고 한량없는 것도 아니며, 세간도
아니고 출세간도 아니며, 인을 좇아
난 것도 아니고 인을 좇아 나지 않은
것도 아니며, 결정도 아니고 결정 아
님도 아니며, 성취함도 아니고 성취
하지 않음도 아니며, 나옴도 아니고
나오지 않음도 아니며, 분별도 아니
고 분별 아님도 아니며, 이치와 같음
도 아니고 이치와 같지 않음도 아닌

줄을 안다.

　이 보살이 세속의 진리를 취하지도 않고, 제일의에 머무르지도 않으며, 모든 법을 분별하지도 않고, 문자를 세우지도 않아서 적멸한 성품을 따르며, 일체 서원을 버리지 않고, 이치를 보고 법을 알며, 법 구름을 일으켜서 법의 비를 내린다.

　비록 실상은 말할 수 없음을 알지만 방편과 다함없는 변재로 법을 따르고 뜻을 따라 차례로 연설하여, 모든 법에 말과 변재가 모두 교묘함을 얻고, 대자대비가 다 이미 청정하여 능히 일체 문자를 여읜 법 가운데서 문자를 내어 법과 뜻에 따라서 어기지 아니하고 모든 법이 다 연을 좇아 일어나는 것을 설한다.

비록 말을 하지만 집착하는 바가 없으며, 일체 법을 연설하여도 변재가 다함이 없으며, 분별하고 안립하여 열어 보이고 인도하며, 모든 법의 성품이 구족하게 밝게 나타나 온갖 의심의 그물을 끊어서 모두 청정함을 얻게 하며, 비록 중생들을 거두어 주나 진실을 버리지 않는다.

둘이 아닌 법에서 물러남이 없으나 걸림 없는 법문을 항상 능히 연설하며, 온갖 미묘한 음성으로 중생들의 마음을 따라 법의 비를 널리 내리되 시기를 잃지 않는다.

이 이름이 보살마하살의 아홉째 '일체 법의 지혜 신통' 이다.

불자들이여, 보살마하살이 일체 법이 멸하여 없어지는 삼매의 지혜 신통으로써 생각생각 동안에 일체 법이 멸하여 없어지는 삼매에 들어가되 또한 보살도에서 물러나지 않고, 보살의 일을 버리지도 않으며, 대자대비의 마음을 버리지 않고, 바라밀을 닦아 익히되 일찍이 쉬지 않으며, 일체 부처님 국토를 관찰하되 게을러 싫어하지 않는다.

중생들을 제도하는 서원을 버리지 않고, 법륜을 굴리는 일을 끊지 않으

며, 중생들을 교화하는 업을 폐하지
않고, 모든 부처님께 공양올리는 행
을 버리지 않으며, 일체 법에 자재한
문을 버리지 않고, 일체 부처님을 항
상 친견함을 버리지 않으며, 일체 법
을 항상 들음을 버리지 않는다.

일체 법이 평등하여 걸림 없음을
알아 일체 부처님의 법을 자재하게
성취하며, 있는 바 수승한 원을 다
원만하게 하며, 일체 국토의 차별을
밝게 알며, 부처님의 종성에 들어가
서 저 언덕에 이른다.

능히 저 모든 세계에서 일체 법을 배워 법이 모양이 없음을 알며, 일체 법이 다 연을 좇아 일어나 자체 성품이 없음을 알지만 그러나 세속을 따라서 방편으로 연설하며, 비록 모든 법에 대하여 마음이 머무르는 바가 없지만 그러나 중생들의 모든 근성과 욕락을 따라서 방편으로 갖가지 모든 법을 설한다.

이 보살이 삼매에 머무를 때에는 그 마음에 좋아함을 따라서 혹은 한 겁을 머무르고, 혹은 백 겁을 머무르고, 혹은 천 겁을 머무르고, 혹은 억 겁을 머무르고, 혹은 백억 겁을 머무르고, 혹은 천억 겁을 머무르고, 혹은 백천억 겁을 머무르고, 혹은 나유타억 겁을 머무르고, 혹은 백 나유타억 겁을 머무르고, 혹은 천 나유타억 겁을 머무르고, 혹은 백천 나유타억 겁을 머무르고, 혹은 수없는 겁을 머무르고, 혹은 한량없는 겁을 머무르고, 내지 혹은 말할 수 없이 말할 수 없는 겁을 머무른다.

보살이 이 일체 법이 멸하여 없어
지는 삼매에 들어가서는 비록 다시
그러한 겁을 지나도록 머무르나 몸이
흩어지지 않고, 여위지도 않고, 변하
여 달라지지도 않으며, 보는 것도 아
니고 보지 못하는 것도 아니며, 없어
지지도 않고 무너지지도 않으며, 피
로하지도 않고 게으르지도 않으며,
다하지도 않는다. 비록 있는 것이나
없는 것에 모두 짓는 바가 없으나 모
든 보살의 일을 능히 이룬다.

이른바 일체 중생을 항상 떠나지

않고 교화하고 조복함에 일찍이 시기를 잃지 않아서, 그들로 하여금 일체 불법을 증장하여 보살의 행을 다 원만케 하며, 일체 중생을 이익케 하기 위하여 신통과 변화가 쉬지 않는다. 비유하면 빛 그림자가 일체를 널리 나타내는 것과 같이 삼매에서는 고요하여 흔들리지 않는다.

이것이 보살마하살이 '일체 법이 멸하여 없어지는 삼매에 들어가는 지혜 신통'이다.

불자들이여, 보살마하살이 이와 같은 열 가지 신통에 머무르면 일체 천인들이 사의할 수 없으며, 일체 중생이 사의할 수 없으며, 일체 성문과 일체 독각과 다른 일체 모든 보살 대중들도 이와 같이 모두 다 사의할 수 없다.

이 보살의 몸의 업이 불가사의하며, 말의 업이 불가사의하며, 뜻의 업이 불가사의하며, 삼매의 자재함이 불가사의하며, 지혜의 경계가 불가사의하니, 오직 모든 부처님과 이 신통을 얻은 보살들을 제외하고 나머지는 이 사람의 공덕을 설하여 칭찬하거나 찬탄할 수 없다.

불자들이여, 이것이 보살마하살의 열 가지 신통이다. 만약 보살마하살이 이 신통에 머무르면 일체 삼세에 걸림 없는 지혜 신통을 다 얻는다."

대방광불화엄경
제44권

29. 십인품

———————— 은(는) 『대방광불화엄경』을
사경하는 인연공덕으로
『화엄경』이 널리 유통되고
우리 모두 다함께 보리 이루기를 발원하옵니다.

대방광불화엄경

제44권

29. 십인품

그때에 보현 보살이 모든 보살들에게 말씀하였다.

"불자들이여, 보살마하살에게 열 가지 인이 있으니, 만약 이 인을 얻으면 곧 일체 보살의 걸림 없는 인의 지위에 이르러 일체 불법이 걸림이 없고 다함이 없다.

무엇이 열인가?

이른바 음성의 인과, 따라주는 인과, 생멸이 없는 법의 인과, 환술 같은 인과, 아지랑이 같은 인과, 꿈 같은 인과, 메아리 같은 인과, 그림자 같은 인과, 허깨비 같은 인과, 허공 같은 인이다.

이 열 가지 인을 삼세 모든 부처님께서 이미 설하셨고 지금 설하시고 장차 설하실 것이다.

불자들이여, 어떤 것을 보살마하살의 음성의 인이라 하는가?

이른바 모든 부처님께서 설하시는 법을 듣고 놀라지 않고 무서워하지 않고 두려워하지 않으며, 깊이 믿고 깨달아 이해하며, 좋아하여 즐거이 나아가며, 오롯한 마음으로 생각하며, 닦아 익혀 편안히 머무르는 것이다.

이 이름이 보살마하살의 첫째 '음성의 인' 이다.

불자들이여, 어떤 것을 보살마하살의 따라주는 인이라 하는가?

이른바 모든 법을 사유하고 관찰하며, 평등하게 어김이 없으며, 수순하여 밝게 알며, 마음을 청정하게 하며, 바르게 머물러 닦아 익히며, 나아가 성취함이다.

이 이름이 보살마하살의 둘째 '따라주는 인'이다.

불자들이여, 어떤 것을 보살마하

살의 생멸이 없는 법의 인이라 하는가?

불자들이여, 이 보살마하살이 조그만 법도 생겨남을 보지 않고 또한 조그만 법도 사라짐을 보지 않는다.

무슨 까닭인가? 만약 생겨남이 없으면 사라짐이 없고, 만약 사라짐이 없으면 다함이 없고, 만약 다함이 없으면 때를 여의고, 만약 때를 여의면 차별이 없고, 만약 차별이 없으면 처소가 없고, 만약 처소가 없으면 적정하다.

만약 적정하면 욕심을 여의고, 만약 욕심을 여의면 지을 것이 없고, 만약 지을 것이 없으면 원함이 없고, 만약 원함이 없으면 머무름이 없고, 만약 머무름이 없으면 감도 없고 옴도 없다.

이 이름이 보살마하살의 셋째 '생멸이 없는 법의 인'이다.

불자들이여, 어떤 것을 보살마하살

의 환술 같은 인이라 하는가?

불자들이여, 이 보살마하살이 일체 법이 모두 다 환술과 같아서 인연을 좇아 일어남을 알고, 한 법에서 많은 법을 이해하며 많은 법에서 한 법을 이해한다.

이 보살이 모든 법이 환술과 같음을 알고서는 국토를 분명히 알며, 중생을 분명히 알며, 법계를 분명히 알며, 세간이 평등함을 분명히 알며, 부처님의 출현이 평등함을 분명히 알며, 삼세가 평등함을 분명히 알아서, 갖가지 신통 변화를 성취한다.

　비유하면 환술이 코끼리도 아니고 말도 아니며, 수레도 아니고 보행도 아니며, 남자도 아니고 여자도 아니며, 동남도 아니고 동녀도 아니며, 나무도 아니고 잎도 아니며, 꽃도 아니고 열매도 아니며, 땅도 아니고 물도 아니며, 불도 아니고 바람도 아니며, 낮도 아니고 밤도 아니며, 해도 아니고 달도 아니다. 반달도 아니고 한 달도 아니며, 일 년도 아니고 백

년도 아니며, 한 겁도 아니고 많은 겁도 아니다.

선정도 아니고 산란함도 아니며, 순수함도 아니고 섞임도 아니며, 하나도 아니고 다른 것도 아니며, 넓은 것도 아니고 좁은 것도 아니며, 많은 것도 아니고 적은 것도 아니며, 한량있는 것도 아니고 한량없는 것도 아니며, 거친 것도 아니고 미세한 것도 아니며, 이 일체 갖가지 온갖 물건도 아니다. 갖가지 것이 환술이 아니고 환술도 갖가지 것이 아니지만, 그러나 환술을 말미암은 까닭으로 갖가지 차별한 일을 나타내 보이는 것과 같다.

보살마하살도 또한 다시 이와 같아서, 일체 세간이 환술과 같음을 관한다.

이른바 업의 세간과 번뇌의 세간과 국토의 세간과 법의 세간과 시간의 세간과 갈래의 세간과 이루는 세간과 무너지는 세간과 운동하는 세간과 만드는 세간이다.

보살마하살이 일체 세간이 환술과 같음을 관찰할 때에 중생들이 생겨남을 보지 않고 중생들이 사라짐을 보지 않으며, 국토가 생겨남을 보지 않고 국토가 사라짐을 보지 않으며, 모든 법이 생겨남을 보지 않고 모든 법이 사라짐을 보지 않는다.

과거가 분별할 수 있음을 보지 않고, 미래가 일어남이 있음을 보지 않고, 현재가 한 생각에 머무름을 보지 않고, 보리를 관찰하지 않고, 보리를 분별하지 않고, 부처님께서 출현

하심을 보지 않고, 부처님께서 열반하심을 보지 않고, 큰 서원에 머무름을 보지 않고, 바른 머무름에 들어감을 보지 아니하여, 평등한 성품에서 벗어나지 않는다.

이 보살이 비록 부처님 국토를 성취하나 국토가 차별 없음을 알며, 비록 중생계를 성취하나 중생들이 차별 없음을 알며, 비록 법계를 널리 관찰하나 법의 성품에 편안히 머물러서 고요하고 흔들리지 않으며, 비록 삼세가 평등함을 통달하나 삼세의 법을 분별하는 데 어기지 않으며, 비록 온과 처를 성취하나 의지할 바를 길이 끊었으며, 비록 중생들을 제도하여 해탈시키나 법계가 평등하여 갖가지 차별이 없음을 분명히 안다.

비록 일체 법이 문자를 멀리 여의어서 말할 수 없음을 알지만 항상 법을 설하여 변재가 다함이 없으며, 비록 중생들을 교화하는 일에 집착하지 않으나 대비를 버리지 않고 일체를 제도하기 위하여 법륜을 굴리며,

비록 과거의 인연을 열어 보이지만 인연의 성품은 흔들림이 없음을 안다.

이 이름이 보살마하살의 넷째 '환 술 같은 인'이다.

불자들이여, 어떤 것을 보살마하살의 아지랑이 같은 인이라 하는가?

불자들이여, 이 보살마하살이 일체 세간이 아지랑이와 같음을 안다.

비유하면 아지랑이는 방소가 없어

서 안도 아니고 바깥도 아니며, 있는 것도 아니고 없는 것도 아니며, 끊어짐도 아니고 항상함도 아니며, 한 색도 아니고 갖가지 색도 아니며, 또한 색이 없는 것도 아니나, 단지 세간의 말을 따라서 나타내 보이는 것과 같다.

보살도 이와 같아서 실상과 같이 관찰하여 모든 법을 밝게 알고 일체를 환히 증득하여 원만함을 얻게 한다.

이 이름이 보살마하살의 다섯째

'아지랑이 같은 인'이다.

불자들이여, 어떤 것을 보살마하살의 꿈 같은 인이라 하는가?

불자들이여, 이 보살마하살이 일체 세간이 꿈과 같음을 안다.

비유하면 꿈은 세간도 아니고 세간을 떠난 것도 아니며, 욕계도 아니고 색계도 아니고 무색계도 아니며, 생겨나는 것도 아니고 없어지는 것도 아니며, 물든 것도 아니고 깨끗한 것

도 아니지만 나타내 보임이 있는 것
과 같다.

보살마하살도 또한 다시 이와 같
아서, 일체 세간이 모두 꿈과 같음을
안다.

변하여 달라짐이 없는 까닭이며,
꿈의 자성과 같은 까닭이며, 꿈의 집
착과 같은 까닭이며, 꿈의 성품을 여
읜 것과 같은 까닭이며, 꿈의 본 성
품과 같은 까닭이며, 꿈에 나타나는
것과 같은 까닭이며, 꿈이 차별이 없
음과 같은 까닭이며, 꿈이 생각으로

분별함과 같은 까닭이며, 꿈이 깨었을 때와 같은 까닭이다.

이 이름이 보살마하살의 여섯째 '꿈 같은 인'이다.

불자들이여, 어떤 것을 보살마하살의 메아리 같은 인이라 하는가?

불자들이여, 이 보살마하살이 부처님의 설법을 듣고 모든 법의 성품을 관찰하여 닦고 배워서 성취하여 피안에 이른다.

일체 음성이 모두 메아리 같아서 옴도 없고 감도 없음을 알고 이와 같이 나타내 보인다.

불자들이여, 이 보살마하살이 여래의 음성이 안에서 나는 것도 아니고 밖에서 나는 것도 아니며 또한 안팎에서 나는 것도 아님을 관찰하여, 비록 이 음성이 안도 아니고 밖도 아니고 안팎에서 나는 것도 아님을 알지만 교묘한 이름과 구절을 능히 나타내 보여 연설을 성취한다.

비유하면 골짜기의 메아리가 연을 좇아 일어나는 것이지만 법의 성품과 더불어 서로 어기지 아니하고, 모든 중생들로 하여금 부류를 따라 각각 이해하고 닦아 배우게 하는 것과 같다. 마치 제석천왕의 부인인 아수라의 딸은 이름을 '사지'라고 하는데, 하나의 음성에서 천 가지 소리를 내지만 또한 마음으로 생각하지 않고 이와 같이 내게 하는 것과 같다.

보살마하살도 또한 다시 이와 같

아서, 분별이 없는 경계에 들어가 매우 교묘하게 부류를 따르는 소리를 성취하여 가없는 세계에서 법륜을 항상 굴린다.

이 보살이 일체 중생을 능히 잘 관찰하고 넓고 긴 혀로 연설하니, 그 음성이 걸림이 없어 시방국토에 두루 하여 마땅함을 따라 법을 들음이 각각 다르게 한다.

비록 음성이 일어남이 없음을 알지만 음성을 널리 나타내며, 비록 말할 것이 없음을 알지만 모든 법을 널리 설하며, 묘한 소리가 평등하지만 부류를 따라 각각 이해하니, 모두 지혜로써 능히 분명하게 안다.

이 이름이 보살마하살의 일곱째 '메아리 같은 인' 이다.

불자들이여, 어떤 것을 보살마하살의 그림자 같은 인이라 하는가?

불자들이여, 이 보살마하살이 세간에 나는 것도 아니고 세간에서 없어지는 것도 아니며, 세간 안에 있는 것도 아니고 세간 밖에 있는 것도 아니며, 세간에 다니는 것도 아니고 세간에 다니지 않는 것도 아니며, 세간과 같지도 않고 세간과 다르지도 않다.

세간에 가지도 않고 세간에 가지 않음도 아니며, 세간에 머무르지도 않고 세간에 머무르지 않음도 아니며, 세간도 아니고 출세간도 아니다.

보살의 행을 닦음도 아니고 큰 서원을 버림도 아니며, 진실함도 아니고 진실하지 않음도 아니다.

비록 일체 부처님의 법을 항상 행하면서도 일체 세간 일에 능히 힘쓰며, 세간 흐름을 따르지도 않고 또한 법의 흐름에 머무르지도 않는다.

비유하면 해와 달과 남자와 여인과 집과 산과 숲과 강과 샘물 등의 만물이 기름에나 물과 몸과 보배와 밝은 거울 등의 청정한 물상에 그 그림자를 나타내지만, 그림자가 기름 등과 하나도 아니고 다른 것도 아니다. 여임도 아니고 합함도 아니며, 흐르는 강에 또한 떠내려가지도 않으며, 못이나 우물 속에 또한 가라앉지도 않으며, 비록 그 속에 나타나지만 물들어 집착하는 바가 없다.

그러나 모든 중생들은 이곳에 이 그림자가 나타나 있는 줄 알고, 또한 저곳에 이와 같은 그림자가 없는 줄 알지만, 먼 곳의 물상과 가까운 곳의 물상이 비록 다 그림자가 나타나나 그림자는 물상을 따라 가깝거나 멀지 않음과 같다.

보살마하살도 또한 다시 이와 같아서, 자기 몸과 그리고 다른 이의 몸이 일체 모두 지혜의 경계임을 능히 알아서 두 가지 이해를 지어 자기와 남이 다르다고 하지 않지만, 자기의 국토와 다른 이의 국토에 각각 차별하게 일시에 널리 나타난다.

마치 종자 속에는 뿌리와 싹과 줄기와 마디와 가지와 잎이 없지만 이와 같은 등의 일을 능히 내는 것과 같다. 보살마하살도 또한 다시 이와 같아서, 둘이 없는 법 가운데 두 가지 모양을 분별하며 교묘한 방편으로 통달하여 걸림이 없다.

이 이름이 보살마하살의 여덟째 '그림자 같은 인'이다.

보살마하살이 이 인을 성취하면 비록 시방국토에 가지 않으나 능히 일체 부처님 세계에 널리 나타나되 또한 여기를 떠나지도 않고 또한 저기에 이르지도 않는다.

그림자가 널리 나타나듯이 가는 곳마다 걸림이 없으며, 모든 중생들로

하여금 차별한 몸이 세간의 굳고 진
실한 모양과 같음을 보게 하지만, 그
러나 이 차별도 곧 차별이 아니니,
다름과 다르지 않음이 장애하는 바
가 없다.

이 보살이 여래의 종성으로부터
나서 몸과 말과 그리고 뜻이 청정하
여 걸림이 없는 까닭으로 능히 가없
는 색상의 청정한 몸을 얻는다.

불자들이여, 어떤 것을 보살마하살

의 허깨비 같은 인이라 하는가?

불자들이여, 이 보살마하살이 일체 세간이 모두 다 허깨비 같음을 안다.

이른바 일체 중생의 의업이 허깨비이니 지각하는 생각으로 생긴 까닭이며, 일체 세간의 모든 행이 허깨비이니 분별로 생긴 까닭이며, 일체 괴로움과 즐거움이 뒤바뀐 것이 허깨비이니 허망한 취착으로 생긴 까닭이며, 일체 세간의 진실하지 아니한 법이 허깨비이니 언설로 나타난 까닭이다.

　일체 번뇌로 분별함이 허깨비이니 생각으로 생긴 까닭이며, 또 청정하게 조복함이 허깨비이니 분별 없이 나타난 까닭이며, 삼세에 변하지 않음이 허깨비이니 남이 없이 평등한 까닭이다.

　보살의 원력이 허깨비이니 광대하게 수행하는 까닭이며, 여래의 대비가 허깨비이니 방편으로 나타내 보이는 까닭이며, 법륜을 굴리는 방편이 허깨비이니 지혜와 두려움 없음과 변재로 설하는 까닭이다.

보살이 이와 같이 세간과 출세간이 허깨비임을 밝게 안다. 눈 앞에 증명하여 알고, 광대하게 알고, 가없이 알고, 사실대로 알고, 자재하게 알고, 진실하게 알아서 허망한 소견으로 흔들 수 없으며, 세상을 따라서 행하여도 또한 잘못되지 않는다.

비유하면 허깨비는 마음으로 생긴 것도 아니고 마음의 법으로 생긴 것도 아니며, 업으로 생긴 것도 아니고 과보를 받는 것도 아니다.

세간에서 나는 것도 아니고 세간에서 사라지는 것도 아니며, 따라 쫓을 수도 없고 붙잡고 만질 수도 없으며, 오래 머무르는 것도 아니고 잠깐 머무르는 것도 아니다.

세간에 다니지도 않고 세간을 떠나지도 않으며, 오로지 한 방향에 얽매이지도 않고 널리 모든 방향에 속하지도 않으며, 한량있는 것도 아니고 한량없는 것도 아니다.

싫어하지도 않고 쉬지도 않고 싫어

해 쉬지 않는 것도 아니며, 범부도 아니고 성인도 아니며, 물들지도 않고 깨끗하지도 않으며, 태어나지도 않고 죽지도 않으며, 지혜롭지도 않고 어리석지도 않으며, 보는 것도 아니고 보지 않는 것도 아니다.

세간에 의지함도 아니고 법계에 들어감도 아니며, 영리하지도 않고 우둔하지도 않으며, 취착하지도 않고 취착하지 않는 것도 아니며, 생사도 아니고 열반도 아니며, 있는 것도 아니고 있지 않은 것도 아님과 같다.

보살도 이와 같아서 교묘한 방편으로 세간에 다니면서 보살의 도를 닦아 세간의 법을 분명하게 알고, 몸을 나누어 변화하여 가지만 세간에 집착하지도 않고 자기의 몸을 취착하지도 않으며, 세간과 몸에 대하여 분별하는 바가 없으며, 세간에 머무르지도 않고 세간을 떠나지도 않으며, 법에 머무르지도 않고 법을 떠나지도 않는다.

본래의 서원인 까닭으로 한 중생계를 버리지 않고 조그만 중생계를 조복하지도 않으며, 법을 분별하지도 않고 분별하지 않음도 아니며, 모든 법의 성품이 옴도 없고 감도 없음을 안다. 비록 있는 바가 없으나 불법을 만족하며, 법이 허깨비와 같아서 있는 것도 아니고 없는 것도 아님을 안다.

불자들이여, 보살마하살이 이와 같이 허깨비 같은 인에 편안히 머무를 때에 일체 모든 부처님의 보리도를 다 능히 원만히 구족하여 중생을 이익하게 한다.

이 이름이 보살마하살의 아홉째 '허깨비 같은 인'이다.

보살마하살이 이 인을 성취하면 모든 짓는 바가 다 허깨비와 같다.

비유하면 변화된 보살과 같이 일체 부처님 세계에 의지하여 머무르는 바가 없고, 일체 세간에 취착하는 바가 없고, 일체 불법에 분별을 내지 않으나 부처님 보리에 나아감에 게으름이 없고, 보살의 행을 닦아 모든 뒤바뀜을 여읜다.

비록 몸이 없으나 일체 몸을 나타내고, 비록 머무르는 바가 없으나 온갖 국토에 머무르며, 비록 색이 없으나 온갖 색을 널리 나타내며, 비록 실제에 집착하지 않으나 법성이 평등하여 원만함을 밝게 비춘다.

불자들이여, 이 보살마하살이 일체 법에 의지하는 바가 없으므로 해탈한 자라 이름하고, 일체 과실을 모두 다 버렸으므로 조복한 자라 이름하고, 움직이지도 않고 옮기지도 않으면서 일체 여래의 대중모임에 두루

들어가므로 신통한 자라 이름하고,
남이 없는 법에 이미 선교를 얻었으
므로 물러남이 없는 자라 이름하고,
일체 힘을 갖추어 수미산과 철위산
이 장애하지 못하므로 걸림 없는 자
라 이름한다.

불자들이여, 어떤 것을 보살마하살
의 허공 같은 인이라 하는가?
불자들이여, 이 보살마하살이 일
체 법계가 마치 허공과 같음을 아니

모양이 없는 까닭이며, 일체 세계가
마치 허공과 같으니 일어남이 없는
까닭이다.

일체 법이 마치 허공과 같으니 둘
이 없는 까닭이며, 일체 중생의 행이
마치 허공과 같으니 행할 바가 없는
까닭이며, 일체 부처님이 마치 허공
과 같으니 분별이 없는 까닭이며, 일
체 부처님의 힘이 마치 허공과 같으
니 차별이 없는 까닭이다.

일체 선정이 마치 허공과 같으니
세 시절이 평등한 까닭이며, 일체 법

을 설한 것이 마치 허공과 같으니 말할 수 없는 까닭이며, 일체 부처님 몸이 마치 허공과 같으니 집착도 없고 걸림도 없는 까닭이다.

보살이 이와 같이 허공과 같은 방편으로 일체 법이 모두 있는 바가 없는 줄을 안다.

불자들이여, 보살마하살이 허공과 같은 인의 지혜로 일체 법을 알 때에 허공 같은 몸과 몸의 업을 얻으며, 허공 같은 말과 말의 업을 얻으며, 허공 같은 뜻과 뜻의 업을 얻는다.

비유하면 허공에 일체 법이 의지하되 나지도 않고 사라지지도 않듯이, 보살마하살도 또한 다시 이와 같아서, 일체 법의 몸이 나지도 않고 사라지지도 않는다.

비유하면 허공을 파괴할 수 없듯이, 보살마하살도 또한 다시 이와 같아서, 지혜의 모든 힘을 파괴할 수 없다.

비유하면 허공이 일체 세간의 의지하는 바이지만 의지할 바가 없듯이, 보살마하살도 또한 다시 이와 같아서, 일체 모든 법의 의지하는 바이지만 의지할 바가 없다.

비유하면 허공이 나지도 않고 없어지지도 않으나 일체 세간의 나고 없어짐을 능히 유지하듯이, 보살마하살도 또한 다시 이와 같아서, 향함도 없고 얻음도 없으나 향하고 얻음을 능히 보이어 널리 세간으로 하여금 수행이 청정하게 한다.

비유하면 허공이 방위도 없고 모퉁이도 없으나 가없는 방위와 모퉁이를 능히 나타내듯이, 보살마하살도 또

한 다시 이와 같아서, 업도 없고 과
보도 없으나 갖가지 업과 과보를 능
히 나타내 보인다.

비유하면 허공이 다니는 것도 아니
고 머무르는 것도 아니나 갖가지 위
의를 능히 나타내 보이듯이, 보살마
하살도 또한 다시 이와 같아서, 다
니는 것도 아니고 머무르는 것도 아
니나 일체 모든 행을 능히 분별한다.

비유하면 허공이 색도 아니고 색
아님도 아니나 갖가지 모든 색을 나
타내 보이듯이, 보살마하살도 또한

다시 이와 같아서, 세간의 색도 아
니고 출세간의 색도 아니나 일체 모
든 색을 능히 나타내 보인다.

비유하면 허공이 오래지도 않고 가
깝지도 않으나 능히 오래 머물러서
일체 물건을 나타내듯이, 보살마하
살도 또한 다시 이와 같아서, 오래지
도 않고 가깝지도 않으나 능히 오래
머물러서 보살들의 행할 바 모든 행
을 나타내 보인다.

비유하면 허공이 깨끗하지도 않고
더럽지도 않으나 깨끗하고 더러움을

여의지도 않듯이, 보살마하살도 또한 다시 이와 같아서, 막힌 것도 아니고 막힘이 없는 것도 아니나 막힘과 막힘이 없음을 여의지도 않는다.

비유하면 허공은 일체 세간이 모두 그 앞에 나타나되 일체 세간의 앞에 나타나는 것이 아니듯이, 보살마하살도 또한 다시 이와 같아서, 일체 모든 법이 다 그 앞에 나타나되 일체 모든 법의 앞에 나타나는 것이 아니다.

비유하면 허공이 일체에 널리 들어

가도 끝이 없듯이, 보살마하살도 또한 다시 이와 같아서, 모든 법에 널리 들어가지만 보살의 마음은 끝이 없다.

무슨 까닭인가?

보살의 짓는 바가 허공과 같은 까닭이니, 이른바 닦아 익힌 것과 깨끗하게 장엄한 것과 성취한 것이 모두 다 평등하여 하나의 체성이며 하나의 맛이며 한 가지 분량이다. 마치 허공이 청정하여 일체 처에 두루하듯이, 이와 같이 일체 모든 법을 증득하여 알되 일체 법에 분별이 없다.

일체 모든 부처님의 국토를 깨끗하게 장엄하며, 일체 의지한 데 없는 몸을 원만하게 하며, 일체 방위를 알아 미혹함이 없으며, 일체 힘을 갖추어서 꺾어 무너뜨릴 수 없으며, 일체 가없는 공덕을 원만하게 구족하며, 일체 매우 깊은 법의 처소에 이미 이르렀다.

일체 바라밀의 길에 통달하며, 일체 금강좌에 널리 앉으며, 일체 부류를 따르는 음성을 널리 내며, 일체 세간을 위하여 법륜을 굴리어 일찍이 시기를 잃지 아니하였다.

이 이름이 보살마하살의 열째 '허공 같은 인'이다.

보살마하살이 이 인을 성취하면 옴이 없는 몸을 얻으니 감이 없는 까닭이며, 생겨남이 없는 몸을 얻으니 사라짐이 없는 까닭이다.

흔들리지 않는 몸을 얻으니 무너뜨릴 수 없는 까닭이며, 실하지 않은

몸을 얻으니 허망함을 여읜 까닭이
다.

한 모양인 몸을 얻으니 모양이 없
는 까닭이며, 한량없는 몸을 얻으니
부처님 힘이 한량없는 까닭이다.

평등한 몸을 얻으니 진여의 모양과
같은 까닭이며, 차별 없는 몸을 얻으
니 삼세를 평등하게 관하는 까닭이
다.

일체 처에 이르는 몸을 얻으니 깨끗
한 눈으로 평등하게 비추어 장애가
없는 까닭이며, 욕망의 경계를 여의

는 몸을 얻으니 일체 법이 모이고 흩어짐이 없음을 아는 까닭이다.

허공의 끝없는 몸을 얻으니 복덕창고가 다함없음이 허공과 같은 까닭이며, 끊임없고 다함없는 법의 성품이 평등한 변재의 몸을 얻으니 일체 법의 모양이 오직 한 모양이어서 성품이 없음으로 성품을 삼아 허공과 같음을 아는 까닭이다.

한량없고 걸림 없는 음성의 몸을 얻으니 장애하는 바가 없음이 허공과 같은 까닭이며, 일체 선교를 구족하여 청정한 보살행의 몸을 얻으니 일체 처에서 모두 장애가 없음이 허공과 같은 까닭이다.

일체 부처님의 법바다가 차례로 계속하는 몸을 얻으니 끊을 수 없음이 허공과 같은 까닭이며, 일체 부처님 세계 가운데 한량없는 부처님 세계를 나타내는 몸을 얻으니 모든 탐욕과 집착을 여의는 것이 허공이 가없는 것과 같은 까닭이다.

일체 자재한 법을 나타내 보임에 쉬지 않는 몸을 얻으니 허공 큰 바다

가 끝이 없는 것과 같은 까닭이며,
일체 깨뜨릴 수 없는 견고한 세력의
몸을 얻으니 허공이 일체 세간을 맡
아 지니는 것과 같은 까닭이다.

모든 근의 밝고 예리함이 금강과
같이 견고하여 깨뜨릴 수 없는 몸을
얻으니 허공을 일체 겁의 불이 태울
수 없는 것과 같은 까닭이며, 일체
세간을 유지하는 힘의 몸을 얻으니
지혜의 힘이 허공과 같은 까닭이다.

불자들이여, 이 이름이 보살마하
살의 '열 가지 인'이다.

그때에 보현 보살마하살이 그 뜻을
거듭 펴려고 게송을 설하여 말씀하였
다.

비유하면 세상의 어떤 사람이
보배창고가 있는 곳을 듣고
그것을 얻을 수 있는 까닭으로
마음에 큰 환희를 내듯이

이와 같이 큰 지혜 있는
보살인 참 불자가
모든 부처님 법의

매우 깊은 적멸한 모습을 듣도다.

이 깊은 법을 들었을 때에
그 마음이 안온함을 얻고
놀라지 않고 무서워하지 않으며
또한 두려워하지도 않도다.

큰 보살이 보리를 구함에
이 광대한 음성을 듣고
마음이 깨끗하여 능히 견디고 참아
이에 대하여 의혹이 없도다.

스스로 생각하기를
이 매우 깊고 미묘한 법을 들음으로써
마땅히 일체지를 이루어
인간과 천상의 대도사가 되리라.

보살이 이 음성 듣고
그 마음이 크게 환희하여
견고한 뜻을 내어
모든 부처님 법 구하기를 원하도다.

보리를 즐겨하는 까닭으로
그 마음은 점점 조복되고

믿음이 더욱 증장하게 하여
법을 어기거나 비방함이 없도다.

그러므로 이 음성을 듣고는
그 마음이 참고 견딜 수 있어
편안히 머물러 흔들리지 않고
보살의 행을 수행하도다.

보리를 구하기 위한 까닭으로
오로지 그 길로 향해 나아가
정진하고 물러남이 없으며
온갖 선한 멍에를 버리지 않도다.

보리를 구하는 까닭으로
그 마음에 두려움이 없어서
법을 듣고 더욱 용맹하여
부처님께 공양올려 환희케 하도다.

마치 큰 복이 있는 사람이
진금의 창고를 얻어서
몸에 알맞은 의복에 따라
장엄거리를 만들듯이

보살도 또한 이와 같아서
이 매우 깊은 뜻을 듣고는

사유하여 지혜바다를 늘리어
수순하는 법을 닦도다.

법이 있음도 또한 따라서 알고
법이 없음도 또한 따라서 알며
저 법이 이와 같음을 따라서
이와 같이 모든 법을 알도다.

청정한 마음을 성취하여
분명히 깨닫고 크게 환희하며
법이 연을 좇아 일어남을 알아서
용맹하게 부지런히 닦아 익히도다.

모든 법을 평등하게 관하고
그 자체 성품을 밝게 알며
부처님 법장을 어기지 않아
일체 법을 널리 깨닫도다.

뜻의 즐거움이 항상 견고하여
부처님의 보리를 깨끗이 장엄하며
흔들리지 않음이 수미산 같아서
일심으로 바른 깨달음을 구하도다.

정진할 뜻을 내고
다시 삼매의 도를 닦되

한량없는 겁 동안 부지런히 행하여
일찍이 물러난 적이 없도다.

보살이 들어간 법은
부처님께서 행하시던 곳이라
이것을 능히 밝게 알아서
그 마음에 게을러 싫어함이 없도다.

같음이 없는 이의 설하신 바와 같이
평등하게 모든 법을 관찰하면
평등한 인 아님이 없어
능히 평등한 지혜를 이루도다.

부처님께서 설하신 바를 수순하여

이 인의 문을 성취하면

법과 같이 분명히 알면서도

또한 법을 분별하지 않도다.

삼십삼천 가운데

있는 바 모든 천자들이

다 함께 한 그릇에서 먹지만

먹는 것은 각각 같지 않도다.

먹는 바 갖가지 음식이

시방에서 오는 것이 아니라

그 닦은 바 업으로
자연히 모두 그릇에 담겨있듯이

보살들도 또한 이와 같아서
일체 법을 관찰하니
모두 인연을 좇아 일어나서
생겨남이 없으므로 사라짐이 없도다.

사라짐이 없으므로 다함이 없고
다함이 없으므로 물듦이 없으니
세간의 변하여 달라지는 법에
변하여 달라짐이 없음을 밝게 알도다.

달라짐이 없으면 곧 처소가 없고
처소가 없으면 곧 적멸하니
그 마음이 물들어 집착함이 없어서
모든 중생들을 제도하길 원하도다.

부처님 법을 오로지 생각하여
일찍이 산란하지 않고
자비와 서원하는 마음과
방편으로 세상에 다니도다.

열 가지 힘을 부지런히 구하여
세간에 있으나 머무르지 않고

감도 없고 또한 옴도 없어
방편으로 법을 잘 설하도다.

이 인이 가장 높아서
법은 다함이 없음을 알아
참 법계에 들어가지만
실제로는 또한 들어갈 바도 없도다.

보살들이 이 인에 머무름에
모든 여래께서
동시에 수기 주심을 널리 보니
이 이름이 부처님 직책을 받음이로다.

삼세의 법이 적멸하고 청정한 모습을
분명히 통달해 알지만
능히 중생들을 교화해서
선한 길 가운데 두도다.

세간의 갖가지 법이
일체가 모두 환과 같으니
만약 능히 이와 같이 알면
그 마음이 흔들리는 바가 없으리라.

모든 업은 마음에서 생기므로
마음이 환과 같다고 설하니

만약 이 분별을 떠나면
널리 모든 존재의 갈래가 멸하리라.

비유하면 마술사가
모든 색의 형상을 널리 나타내어
한갓 대중들이 즐거움을 탐하게 하지만
필경에는 얻을 바가 없는 것과 같도다.

세간도 또한 이와 같아서
일체가 다 환과 같으니
성품도 없고 또한 남도 없지만
갖가지가 있음을 나타내 보이도다.

모든 중생들을 제도하여 해탈시켜서
법이 환과 같음을 알게 하지만
중생들도 환과 다르지 않으니
환인 줄 알면 중생도 없도다.

중생과 그리고 국토와
삼세의 있는 바 법이
이와 같이 모두 남음 없이
일체가 모두 환과 같도다.

환술로 남녀의 형상과
그리고 코끼리와 말과 소와 양과

집과 못과 샘물의 종류와
정원의 숲과 꽃과 열매 등을 만들지만

환술로 된 물건이라 지각이 없고
또한 머무르는 처소도 없어서
끝내 적멸한 모양이니
다만 분별을 따라 나타날 뿐이다.

보살들도 능히 이와 같아서
모든 세간을 널리 보지만
있고 없는 일체 법이
모두 환술 같음을 밝게 통달하도다.

중생과 국토가
갖가지 업으로 생긴 것이라
환술과 같은 경계에 들어가
그곳에 의지해 집착함이 없도다.

이와 같이 선교를 얻으면
적멸하고 희론이 없어
걸림 없는 지위에 머물러
큰 위신력을 널리 나타내리라.

용맹한 모든 불자들이
미묘한 법에 수순하여

일체 생각이 세간을 얽매는
그물인 줄 잘 관찰하도다.

온갖 생각이 아지랑이와 같아서
중생들이 이해를 뒤바꾸게 하니
보살은 생각임을 잘 알아
일체의 뒤바뀜을 버리어 떠나도다.

중생들은 각각 달라서
형상과 부류가 한 가지가 아니나
모두가 생각임을 밝게 통달하면
일체가 진실한 것이 없도다.

시방의 모든 중생들이
모두 망상에 덮인 바 되었으니
만약 전도된 소견을 버리면
곧 세간의 망상이 없어지리라.

세간은 아지랑이 같아서
생각 때문에 차별이 있으니
세상이 생각에 머무른 줄 알면
세 가지 전도를 멀리 여의리라.

비유하면 더울 때의 아지랑이를
세상에서 보고 물이라고 말하지만

물은 실제로 있는 바 없으니
지혜 있는 자는 마땅히 구하지 않듯이

중생들도 또한 다시 그러하여
세상의 갈래가 모두 없으니
아지랑이가 생각에 머무른 것과 같이
걸림이 없는 마음의 경계로다.

만약 모든 생각을 떠나고
또한 모든 희론을 여의면
어리석어 생각에 집착한 자
모두 해탈을 얻게 하리라.

교만한 마음 멀리 여의고
세간이란 생각을 제거해 없애고
다함과 다함없는 곳에 머무름이
보살의 방편이로다.

보살은 세상 법의
일체가 모두 꿈과 같음을 알아서
처소도 아니고 처소가 없음도 아니라
자체 성품이 항상 고요하도다.

모든 법은 분별이 없어
꿈과 같고 마음과 다르지 않으니

삼세의 모든 세간도
일체가 모두 이와 같도다.

꿈의 체는 생멸이 없으며
또한 방소도 없으니
삼계도 모두 이와 같아서
보는 자는 마음이 해탈하도다.

꿈은 세간에 있지도 않고
세간 아닌 데도 있지 않으니
이 두 가지를 분별하지 않으면
인의 지위에 들어가리라.

비유하면 꿈속에서
갖가지 모든 다른 모양을 보듯이
세간도 또한 이와 같아서
꿈과 더불어 차별이 없도다.

꿈 삼매에 머무른 자는
세상이 다 꿈과 같음을 알아
같지도 않고 다르지도 않으며
하나도 아니고 갖가지도 아니로다.

중생과 모든 세계와 업이
섞이어 물듦과 청정함을

이와 같이 모두 밝게 알면
꿈과 더불어 다 평등하리라.

보살이 수행하는 행과
그리고 모든 큰 원이
다 꿈과 같아서 세간과 더불어
또한 다름이 없음을 밝게 알도다.

세상이 다 공적함을 알지만
세상 법을 무너뜨리지 않는 것은
비유하면 꿈속에서 길고 짧은 등
모든 색을 보는 것과 같도다.

이 이름이 '꿈 같은 인'이라
이를 인하여 세상 법을 알면
걸림 없는 지혜를 빨리 이루어
모든 중생들을 널리 제도하리라.

이와 같은 행을 수행하면
광대한 이해를 내어
모든 법의 성품을 잘 알고
법에 집착하는 마음이 없으리라.

일체 모든 세간의
갖가지 모든 음성이

안도 아니고 또한 바깥도 아니며
모두 메아리 같음을 알도다.

갖가지 메아리를 들어도
마음이 분별을 내지 않듯이
보살이 음성을 들음에
그 마음도 또한 이와 같도다.

모든 여래를 우러러보고
그리고 설법하는 음성을 들으며
한량없는 경전을 연설하심을
비록 들어도 집착하는 바가 없도다.

메아리가 온 곳이 없듯이
듣는 음성도 또한 그러하되
능히 법을 분별하여
법과 더불어 어긋남이 없도다.

모든 음성을 잘 알지만
소리를 분별하지 않으며
소리가 모두 공적함을 알지만
청정한 음성을 널리 내도다.

법은 말에 있지 않음을 알고
말이 없는 경계에 잘 들어갔으나

언설을 능히 보여
메아리가 세간에 두루하듯 하도다.

언어의 길을 분명히 알고
음성의 분한을 갖추어서
소리의 성품이 공적함을 알지만
세상의 말로써 설하도다.

세상에 있는 음성과 같이
법을 분별함과 같음을 보이니
그 음성이 모두 두루하여
모든 중생들을 깨닫게 하도다.

보살이 이 인을 얻고는
깨끗한 음성으로 세상을 교화하여
삼세를 교묘하게 잘 설하되
세상에 집착하는 바가 없도다.

세간을 이익하게 하고자
오로지 보리를 구하지만
항상 법의 성품에 들어가
그것에 분별함이 없도다.

모든 세간이 적멸하여
자체 성품이 없음을 널리 관하되

항상 넉넉히 이익하게 하기 위하여
수행하는 뜻이 흔들리지 않도다.

세간에 머무르지도 않고
세간을 떠나지도 않으며
세간에 의지하는 바도 없으니
의지하는 곳을 얻을 수 없도다.

세간의 성품을 분명히 알아
성품에 물들어 집착함이 없으며
비록 세간에 의지하지 않으나
세간을 교화하여 건너게 하도다.

세간에 있는 바 법에
그 자성을 모두 알아서
법이 둘이 없음을 아니
둘도 없고 또한 집착도 없도다.

마음은 세간을 떠나지 않고
또한 세간에 머무르지도 않으나
세간 밖에서
일체지를 수행하는 것도 아니로다.

비유하면 물속의 그림자가
안도 아니고 또한 밖도 아니듯이

보살이 보리를 구함은
세간과 세간 아님을 알고

세간에 머무르거나 벗어나지도 않으니
세간을 말할 수 없으며
또한 안이나 밖에 있는 것도 아니나
그림자가 세간에 나타나듯 하도다.

이 매우 깊은 이치에 들어감에
때를 여의고 뜻에 밝게 사무쳐
본래 서원의 마음을 버리지 않고
지혜의 등불을 널리 비추도다.

끝없는 세간에
지혜로 들어가 모두가 지런히 평등하니
모든 중생들을 널리 교화하여
그들에게 온갖 집착을 버리게 하도다.

매우 깊은 법을 관찰하여
중생의 무리들을 이익하게 하니
이로부터 지혜에 들어가
일체의 도를 수행하도다.

보살이 모든 법을 관찰하여
모두 허깨비 같음을 자세히 알되

허깨비와 같은 행을 행하니
필경에 길이 버리지 않도다.

허깨비의 자체 성품을 따라
보리의 길을 닦아 익히니
일체 법이 허깨비와 같음이라
보살의 행도 또한 그러하도다.

일체 모든 세간과
그리고 한량없는 업이
평등하게 모두 허깨비와 같아서
끝내 적멸에 머무르도다.

삼세에 계시는 부처님이
일체가 또한 허깨비와 같으나
본래의 서원으로 모든 행을 닦아서
변화하여 여래를 이루도다.

부처님께서 대자비로
허깨비 중생들을 제도하시나
제도하심도 또한 허깨비와 같아서
허깨비의 힘으로 법을 설하도다.

세간이 모두 허깨비와 같음을 알아서
세간을 분별하지 않으니

허깨비의 일이 갖가지 다름은
모두 업의 차별을 말미암은 것이로다.

보리의 행을 닦아 익혀서
허깨비의 창고를 장엄하니
한량없는 선으로 장엄함이
업으로 세간을 지음과 같도다.

허깨비의 법은 분별을 떠났고
또한 법을 분별하지도 않아
이 두 가지가 모두 적멸하니
보살의 행도 이와 같도다.

허깨비바다로 지혜를 알고
허깨비 성품으로 세간을 인정하여
허깨비는 생멸하는 법이 아니니
지혜도 또한 이와 같도다.

열째의 인으로 밝게 관하니
중생과 그리고 모든 법은
자체 성품이 모두 적멸하여
허공과 같이 처소가 없도다.

이 허공과 같은 지혜를 얻어
모든 취착을 길이 떠나고

허공과 같이 갖가지가 없어서
세상에 걸릴 것이 없도다.

허공 같은 인의 힘을 성취하면
허공과 같이 다함이 없어
경계가 허공과 같지만
허공이라는 분별도 짓지 않도다.

허공은 자체 성품이 없으나
또한 다시 끊어져 없어진 것도 아니며
또한 갖가지 차별도 없으니
지혜의 힘도 또한 이와 같도다.

허공은 처음도 없고
또한 다시 중간도 나중도 없어
그 양을 얻을 수 없으니
보살의 지혜도 또한 그러하도다.

이와 같이 법의 성품을 관하면
일체가 허공과 같아서
나지도 않고 또한 사라지지도 않으니
보살들의 얻은 바로다.

스스로 허공과 같은 법에 머무르고
다시 중생들을 위해 설하여

일체 마군을 항복시키니
모두가 이 인의 방편이로다.

세간의 모양은 차별하지만
모두 공하여 모양이 없고
모양 없는 곳에 들어가면
모든 모양들이 다 평등하리라.

오직 한 가지 방편으로
온갖 세간에 널리 들어가니
삼세의 법을 안다고 하지만
모두가 허공의 성품과 같도다.

지혜와 음성과
그리고 보살의 몸이
그 성품이 허공과 같아
일체가 모두 적멸이로다.

이와 같은 열 가지 인이
불자들이 닦아 행하는 바라
그 마음이 매우 편안히 머물러
널리 중생들을 위하여 설하도다.

이것을 잘 닦아 배우면
광대한 힘과 법력과

그리고 지혜의 힘을 성취하여
보리의 방편이 되도다.

이러한 인의 문을 통달한다면
걸림 없는 지혜를 성취하여
일체 무리를 뛰어넘어서
위없는 법륜을 굴리리라.

닦은 바 광대한 행은
그 양을 얻을 수 없으니
조어사의 지혜바다라야
이에 분별하여 알 수 있도다.

'나'를 버리고 수행하여
깊은 법의 성품에 들어간다면
마음이 항상 청정한 법에 머물러
이로써 중생들에게 보시하리라.

중생들이나 세계의 티끌은
오히려 그 수효를 알 수 있으나
보살의 모든 공덕은
그 한계를 능히 헤아릴 수 없도다.

보살이 이와 같은
열 가지 인을 능히 성취하니

지혜와 행하는 바를
중생들은 측량할 수 없도다.

회향송

아차보현수승행
무변승복개회향
보원침익제중생
속왕무량광불찰

시방삼세일체불
제존보살마하살
마하반야바라밀

我此普賢殊勝行
無邊勝福皆迴向
普願沈溺諸眾生
速往無量光佛刹

十方三世一切佛
諸尊菩薩摩訶薩
摩訶般若波羅蜜

大方廣佛華嚴經
부록

●

대방광불화엄경 목차

●

간행사

대방광불화엄경
목차

간 행 사

　귀의삼보 하옵고,

　『대방광불화엄경』의 수지 독송과 유통을 발원하면서 수미정사 불전연구원에서 『독송본 한문·한글역 대방광불화엄경』과 『사경본 한글역 대방광불화엄경』을 편찬하여 간행하게 되었습니다.

　『화엄경』은 우리나라에 전래된 이래 일찍부터 사경되고 주석·강설되어 왔으며 근현대에 이르러서는 『화엄경』의 한글 번역과 연구도 부쩍 많이 이루어졌습니다. 그만큼 『화엄경』이 우리 불자님들의 신행과 해탈에 큰 의지처가 되었던 것임을 알 수 있습니다.

　『화엄경』을 독송하고 사경하는 공덕은 설법 공덕과 함께 크게 강조되어 왔습니다. 그리하여 수미정사 불전연구원에서도 『화엄경』(80권)을 독송하고 사경하는 데 도움이 되도록 한문 원문과 한글역을 함께 수록한 독송본과 한글역의 사경본 『화엄경』 간행불사를 발원하였습니다. 이 『화엄경』 간행불사에 뜻을 같이하여 적극 후원해주신 스님들과 재가 불자님들께 깊이 감사드립니다. 또한 『화엄경』을 수지 독송할 수 있도록 경책의 모습으로 장엄해 주신 편집위원들과 담앤북스 출판사 관계자들께도 고마움을 표합니다.

　끝으로 이 불사의 원만 회향으로 『화엄경』이 널리 유통되고, 온 법계에 부처님의 가피가 충만하시길 기원드립니다.

　나무 대방광불화엄경

불기 2564년 '부처님오신날'을 봉축하며
수미해주 합장

위태천신(동진보살)

수미해주 須彌海住

호거산 운문사에서 성관 스님을 은사로 출가, 석암 대화상을 계사로 사미니계 수계, 월하 전계사를 계사로 비구니계 수계, 계룡산 동학사 전문강원 졸업, 동국대학교 불교대학 및 동 대학원 졸업, 철학박사, 가산지관 대종사에게서 전강, 동국대학교 불교대학 교수, 동학승가대학 학장 및 화엄학림 학림장, 중앙승가대학교 법인이사 역임.
(현) 수미정사 주지, 동국대학교 명예교수.
저·역서로『의상화엄사상사연구』,『화엄의 세계』,『정선 원효』,『정선 화엄 1』,『정선 지눌』,『법계도기총수록』,『해주스님의 법성게 강설』등 다수.

사경본 한글역
대방광불화엄경 제44권

| 초판 1쇄 발행_ 2024년 5월 24일

| 엮은이_ 수미해주
| 엮은곳_ 수미정사 불전연구원
| 편집위원_ 해주 수정 경진 선초 정천 석도 박보람 최원섭
| 편집보_ 무이 무진 지욱 혜명

| 펴낸이_ 오세룡
| 펴낸곳_ 담앤북스
　　　　서울특별시 종로구 새문안로3길 23 경희궁의 아침 4단지 805호
　　　　대표전화 02)765-1251　전자우편 dhamenbooks@naver.com
　　　　출판등록 제300-2011-115호
| ISBN_ 979-11-6201-454-7　04220